SOMBRAS

Y

RESPLANDORES

Elizabeth Carranza

Sombras y Resplandores

Autor: Elizabeth Carranza

Carátula : Gabriela Santiago

Fotografía: Miguel Vásquez

Prologo: Carlos Alberto Huamán Arellano

Todos los derechos reservados

ISBN- 13:978 1974167050

ISBN-10: 1974167054

Editado bajo el auspicio de tu casa de Poesía.

Guatemala, agosto 1 de agosto 2017.

PRÓLOGO

Carlos Alberto Huamán Arellano
carhuare

Confieso que esta es una vez primera que prologo una obra poética y que, seguramente va a ser presa de comentarios diversos de los doctos en la materia. Sin embargo, gracias a la confianza de la poetisa guatemalteca Elizabeth Carranza, me he sentido estimulado para emprender la empresa encomendada.

En este poemario, Sombras y resplandores, la autora ha privilegiado un lenguaje sencillo no estereotipado, con un cuidadoso manejo de las formas lingüísticas, como si quisiera decirnos que su producto poético está al alcance de las grandes mayor de

tal manera que nada de lo humano del amor quede excluido, intención que se condice parcialmente con el pensamiento de Gabriel

Celaya que defendió la idea de una poesía no elitista, al servicio de las mayorías.

Premunida de esta visión y misión poéticas, nuestra poetisa, Elizabeth enfoca el proceso amoroso desde el dolor, exilio, espera, el triunfo sobre el tiempo, la exigencia del regreso, la búsqueda de un ideal de amor poético, la fortaleza ante la ausencia, la sublimación del amor. Así mismo se refiere a los recuerdos, la aprehensión de la soledad, la consolación, la idealización del amor, su inconmensurabilidad amorosa. Y no deja de aludir a la terquedad venciendo imposibles, el recurso de la imaginación amorosa, su vuelta a los sentidos en el registro de situaciones concretas y, para salvar distancias y recrear experiencias vividas por algunos de los lectores que accedan a esta obra. Aborda, también, la vaciedad espiritual ante lo imposible, inquiere sobre la posibilidad del verdadero amor, la libertad frente a las cadenas amorosas, la rememoración de la sexualidad como ingrediente, la disyuntiva entre lo ideal y lo real; en suma, una obra poética que enfoca humanamente al amor con sus encantos, frivolidades, exageraciones, pero como herramienta para acceder a la felicidad.

El título Sombras y resplandores se justifica ampliamente por toda una gama de situaciones felices, de exultación, euforia, alborozo; así como también las no gratas, de soledad, ansiedad, lucha, etc., originadas por un proceso amoroso que pareciera nacer de la vivencia diaria de la autora. Sin embargo, aunque Paul Valéry, según el escritor y excelente crítico, Sigifredo Burneo; señala que el acto de escribir poesía es como un proceso de reforma del propio autor que le posibilita al poeta compartir su experiencia, no se puede aseverar que esta apreciación tenga el carácter de única verdad. Porque si existe la posibilidad de que el poeta escriba acerca de lo que experimenta, percibe, presagia, percata, sufre o goza la segunda o tercera persona, no necesariamente podremos afirmar que las experiencias volcadas en los poemas corresponden a su propia vida; salvo está por declaración expresa de la autora. Por lo tanto esta obra poética deberá leerse sumiendo el papel de protagonista, algunas veces; de espectador vivencial, otras; o de un lector acucioso que desea descubrir los intrincados caminos del amor.

"La poesía es, a fin de cuentas, una forma privada de relación entre la poesía y el lector a través del texto que es el motivo de curiosidad y análisis cuando roza las fibras sentimentales del ser humano". (Sigifredo Burneo-2015). Por consiguiente, nuestra actitud lectora será la de buscar "degustar" la belleza poética de esta obra de la poetisa Elizabeth Carranza cuya lectura nos hará sentir las sombras y resplandores de cada uno de nuestros procesos amorosos actuales o pasados.

Piura, julio de 2017

ME DUELES

Me dueles tanto como el mar sin su río,
quémame el alma, lánzame al vacío
vida no hay si no es contigo.

Búscame, gime conmigo el universo,
si no estás, me abraza el hastío
y muerte es su silencio.

Aléjame el suplicio cotidiano
de tu rostro,
víveme un instante más
prolonga mi agónica ausencia.

Tengo tu rostro
crucificado en las pupilas
de mañana a tarde y mientras duermo.

Si de verdad eres hombre
ámame hasta el delirio
porque soy de tu mirada
esclava y testigo.

Carcelero en cautiverio
tómame, hazme libre
de la sobriedad,
de la noche
que llorabas conmigo,
en la que tus manos
bebían mis lágrimas
y mis manos
se atoraban de olvido.

EXILIO

Nuestros huesos de dolores
esperan un soplo de resurrección
en cielos moribundos.

¿Y quién no tiene fantasías malévolas?
¿Inconfesables deseos?
¿Pensamientos que torturan?
¿Rosas sin compañía?
¿Mares en fuga?
¿Y circunstancias que justifican
un beso a escondidas
robado a los siglos?

Preguntas sin respuesta,
mientras sigo exiliada
de amores y crueles olvidos.

VEN !

Seremos más que amantes
que vivan en noches ajenas.

!Ven..!

Ven pronto, sin que nos sepulte
el amor o la culpa.

Iremos a recorrer
los inframundos de la pasión
y ser los incorregibles
y nunca traicioneros del amor.

¡Ven...!
No pienses en las noches de frío
Y busca en mis labios
el aroma añejo del vino.

TIEMPO

El tiempo sin alas vuela
escondido en la mirada,
interminable conteo
de párpados caídos.

Irremediablemente
sin marcha atrás
ni el romance ni el olvido
pueden con él.

Con la muerte,
eterno se vuelve.

No se puede contar con él
se estaciona en la memoria de los vivos
rumbo a su ocaso.

VUELVE YA

Me has llevado
a la más oscura avenida.

Voy sin rumbo
si me falta tu luz.

Busco razones en mi andar
y solo sé que tu ausencia
arranca trozos de mi vida
dejando vacía mi alma.

Quiero verte cruzar la puerta
las horas solitarias de este día
calcinan mi existencia.

POETA DE MIS SUEÑOS

Tu andar marinero

viajero de tantas letras,

tu mar,

las piedras negras,

la nostalgia, apasionada compañera

que tu pluma inmortalizó

sobre las estrellas;

me estremecen.

¡Qué cantos aquellos!

Son tan ciertos

que gravitan en mi cielo

el amor de los tiempos

colgado de tu chaqueta

así como mi alma de tus versos,

armazón de sueños

tiñéndome los labios

del endulzado grito

del hombre de la solitaria estrella.

NO SÉ LLORAR

No sé llorar por amores idos.

Fácil es tejer un bolso de olvidos
sin sucumbir ante el dolor
que abruma y corta
las rosas del camino.

No sé reírme
de las ansiedades colgadas
en mi guardarropa,
empero aprendí
a sacar del armario
lo que ya no está de moda.

Intuyo que hay más de un velero
en alta mar que llegará al puerto
con el deseo de anclar.

EL EROS EN EL ALMA

El viento de tus cabellos,
tus manos al amanecer,
tu aliento en mi cuello
y tu voz que recorre mis distancias
de pie a cabeza,
escribe versos sobre mi piel.

Tus palabras que emergen
candentes cuando me abrazas,
la sonrisa que pinta tu blanca dentadura
al asomarse entre tus labios
buscando desesperados los míos
dándome atisbos de plenitud;
me dan luces coloridas
que gritan felices desde el alma.

MIENTRAS LO AMABA

Ninguna perfección hubo en mí.

Este corazón hoguera
enviaba sus latidos peregrinos
arrastrando mil pesares,
invocando astros, lunas y estrellas
para que se llevaran
el paso de la tormenta.

Muchos afanes, muchos sinsabores
guardaba cada día,
mientras lo adoraba,
amaba hasta sus mentiras
esas caricias de sol
que me robaron la alegría.

MÁS SOLEDAD

Esta noche
presagia más dolores,
angustias y soledades
que me oprimen el alma
y amenazan con quebrarla.
Este nocturno en que caen
sin luz las estrellas
y guarda silencio
mi corazón lunar,
solo nubes negras
en mi noctámbula alma herida
que no entiende olvidos
y ama desde un principio
hasta el fin,
que desoye el grito de soledad
de las piedras del camino,
haciendo de mi destino
un abatimiento sin tregua
y una oscuridad de miedo;
no quiere ya más soledad.

ASÍ

Eres mi horizonte
rozas el mar sin tocarlo,
como el azul que se viste
de mar o de cielo,
como este viento intrépido
que alborota mis cabellos
tal cual tus atrevidos dedos.

Como la caricia del alma
nunca ausente al encuentro,
estás prendido en mis venas
aromatizando mi propio cielo
que quiso ser el tuyo.

OTRA VEZ

Tus labios en mi alma y piel
deslizan pasión
que para ti guardo.
Milímetro a milímetro
tus manos arrullan mis recodos
y me conducen
a la gloria de tu miel.
Tus ojos me asaltan
en torbellinos de ilusión,
se apoderan de mí
y piden una caricia más,
y bebí hasta la última
gota de sensualidad.
Hay memorias en mí sin dormir;
derramadas en tu cuerpo
para hacernos uno al amanecer
porque a gritos mi alma reclama
tu venida
y así nuestros ojos
hablarán siempre de amor.

PARA TOCAR EL CIELO

Nos llenamos

de caricias las manos

para tocar el cielo.

Cada vez que nos besamos

nos convertimos en letras

canciones arrebatadas

al mismo firmamento.

Somos andantes

en las memorias del tiempo,

versos sueltos

en refugios divinos

donde sólo cuentan

nuestros cuerpos

porque el alma

es una sola

habitada por el universo,

cuajando rocío

durante el camino.

AMAR SIN MEDIDA

A dónde va el amor cuando
 agota su caudal
y ha dejado eternas cicatrices.

¿Acaso vaga entre los seres sin alma?

¿Quizá sólo duerme
para volver a despertar
cuando te vista su calor?

¿A dónde va nuestro sentir feliz
 que murió de desencanto?

¿Correrá por los ríos
buscando un recodo
donde refugiarse del vendaval
de agresiones y vejaciones?

¿Bajará la mirada
buscando un reposo o

quizá solo olvido?
¿Qué tiene por morada
lo que un día quisimos,
si sólo usamos la palabra
con el alma vacía?

Amar sin medida es darse en demasía
olvidarse de sí mismo, sin mentiras
sin rebusques cotidianos
de pasión o fantasía
y
sin intereses mezquinos.

Y AUN ASI

Te vi de lejos
como quien ve un lucero.

Me cambió el brillo de los ojos
y la serenidad de mi mundo
se desplomó.

Te vi como mi irrealidad
y aun así
de ti me enamoré
como se enamoran
los colibríes de un clavel.

Y MÁS

Aquí de nuevo
acariciando la ilusión
de los soles de tu voz,
que me arrastran
y me llevan al infinito
sin distancias
sin verdades a media luz.

Esa voz que cautiva
las mariposas de mi profundidad

¿Ya no habrá más
delirio de oírte
con cantos serenos
de mística dulzura
al decir que abrazas
mi enamorado corazón?
Deseo escucharte más y más
para abrazarte
en los ecos de tu voz.

TU VOZ

Aquí,
donde palpitan las mariposas
habitas tú,
sin palacios mayores
solo mi palabra o a la tuya,
que claman
amor eterno.
No tardes
en decir te quiero
que desfallecen
las mariposas
en el silencio.

No olvides
tu palabra
es el celeste eco meridiano
un zumbido de miel
en mi vida feliz.

ERES UN LUCERO

Acaricio tu alma
puesta de sol en tus ojos
suspiro de polluelo
abrazando la vida.

Eres el más bello lucero
de todas mis madrugadas
resplandores eternos
me prenden de tus cabellos.

Te miro
y el universo entero
está en tu sonrisa,
pícara melodía
que invade
mis sorprendidos huesos
raptores de un beso de pecado
enloquecido en mis manos.

AMANTES

Te llevo en querido silencio
a mundos nuevos
en susurro inquieto
entremetido en mis versos
que escriben tus horas
con la madurez de un beso.

Solos en la brisa
anunciando al tiempo
y a las aves
que un eterno amor
se levantó de los destierros y
desiertos abrasadores
de este amor amante.

.

DESIERTOS

Cuando llora y grita el alma

se cierra el telón

se calla el cielo

y la agonía de la vida

murmura sin cesar

morir quiero.

Si no tengo ese aliento;

la fría soledad

me abraza, la piel,

silencia el mirar,

agota el pensamiento

el sueño se escabulle

contando tréboles

y no se parar de llorar.

Inciertos los días!.

El alma cierra sus puertas

y oculta una cruel realidad,

solloza el mar

en pleno desierto

perdido está él.

QUIEN?

Un verdadero amor.

¿Quién no lo quiere?

Un amor con aromas
de realidad
al alcance de un beso
a la medida de dos,
con luna y matices
que hagan
un nuevo arco iris,
con amantes
que tengan un nido
en la eternidad.

¿Quién no lo quiere?

ROSA SIN CADENAS

Están en mi ser
los años de las estrellas,
los días y las horas
de una rosa sin cadenas
y los suspiros de un amor
que no llega.

No conozco de calendarios
ni fechas marcadas en el alma;
soy de otras tierras
donde me sumerjo
en un mar de letras;
extraña y esquiva
mirando el mar
en busca de mi esencia.

SOLO TÚ

Eres mi locura

mi mayor alucine

la puerta del paraíso

el mar de la eternidad,

mi sombra

el tatuaje perfecto

la mejor melodía

mi esencia

mis insomnios

y prolongados deleites.

ESTE VACÌO

Se altera el pulso y
el palpitar de este corazón
se vuelve un grito desesperado
buscando el calor de tu voz.

Se acortan los tiempos
se vuelve escasa la serenidad
se atropella la respiración
cuando vuelvo la mirada y no estás.

Ven y llena este vacío
que revolotea como mariposa
sin rumbo
que cruza mis venas
y se sienta solo a la orilla del camino.

Ven y sostén mis labios
en el beso prolongado
que me devuelve la vida
y me transporta al infinito
desnudando tus versos que prometen
amarme una vez más.

TUS LABIOS

Solo tengo una esperanza
anhelo alas para estas letras
y puedan por fin alcanzar
la estatura de tu vuelo.

Anhelo que sin más preámbulos
crucen por sus costados
todos cielos de tu alma
para adentrarme en la vida
que ofrecen tus bellos labios.

ENTRE EL CIELO Y TÚ

Entre el cielo y tú
nunca habrá distancias,
como cielo
me dejas soñar
con las estrellas de plata.

Como firmamento intenso
mi amor descansa
con la única promesa
de nunca apagar su flama.

Entre el cielo y tú
se desvanecen las palabras
y aparecen versos consagrados
en las espesuras del alma;
tinta y pluma,
que al unísono cantan
para sembrar esperanzas

de vida cuando es tiempo
de amar sin medida.

Entre el cielo y tú
la ilusión se viste de vida
que acaricia
la adormecida palidez
de la esperanza
en tus besos escondida.

Entre el cielo y tú
solo tú y yo.

VEN DE NUEVO

Ven sin tu dolor,
reposa en el silencio
y la calma de media noche,
no te vistas de aguacero
sólo déjame acariciar tu alma
que de penas y ansiedades
vive doblemente atormentada.

Avatares del destino.

Si designios insondables
te incluyen en mi senda,
entonces camina
no por la vereda
que transita la pena
sino por la avenida
que susurra alegrías
cuando abre paso
el celeste, divino y nuevo día.

VIENEN Y VAN

Como las olas se estrellan
contra las rocas,
los días chocan
con su batir alado
en cofres de cristal.

Los días transcurren
se hacen suspiros vespertinos, y
se columpian en la dureza
de un corazón seco de amor.

Los días deslízanse
melancólicos
desnudos de sorpresas
llevando consigo
solo el golpeteo incesante
del rompe aguas
de una vida.

¡Que pase
el navegante de la noche
y su singular compañera
la obscuridad!

¡Seguiré viviendo
mientras lata en el cuerpo
mi errónea humanidad.

SÍ, PIENSO

Añoro besos miel
en las tardes
de romance
y las mil formas
de amar
y reír que inventabas
cada vez.

Admiro el sustento
de este amor
que ha desafiado
al tiempo
y se ha dispuesto
a permanecer.
pienso en este vuelo raso
que traspasa las dudas
y se plasma
como sutil amenaza:
¡no puedo dejar de pensar en ti!

MÁS ALLÁ

Tus ojos, mi luna
un beso de tus labios,
mi gozo
una sonrisa de mis rosas
te espera siempre
y este ser y trascender

nos viste de gala
para entonar juntos
el himno del amor
que nos lleva
más allá de nuestro ser.

POR QUÉ

¿Por qué te quiero,
por qué el llanto
cuando tu sonrisa
camina errante
y un suspiro
se convierte en invierno?
¿Por qué
de la existencia
de este fuego
si el silencio
apaga los deseos?

¡Ay!... No sé,
no tengo respuestas
solo hechos
pálpitos del alma
que se pierden
entre tanto recuerdo.

MARIPOSA SOLITARIA

Suspiro y pienso

que se va mi vida

con tus besos,

que es verano

el mar y tú

ahora ya no están

a mi alcance.

Voy como mariposa solitaria

germinando el encuentro,

en diferentes versos

sin avenidas

sin desiertos

sólo ecos de tu loca sonrisa

pregonando: ¡Te quiero!

ERES TODO

Si me besaran las nubes
me sobrarían tus ausentes labios
aunque tu boca se paseara por los aires.

Si endulzaran mis oídos
las historias del mar
me sobrarían tus lejanas canciones,
tengo tu aduladora voz
atosigada al paladar.

Si la tarde me abriera sus brazos
no lagrimaría por tus promesas
cuya pérdida hace que mi corazón
se regocije al palpitar.

Eres todo
nubes, mar, agua de sal,
tarde y brazos que me esperan
felices sin tu andar.

VIDA

Ya no pienso
solo presiento
el calor de tu pecho
sobre el mío.

Sólo trasluzco la belleza
del silencio de lunas
abrazadas de tus labios
hablando con las aguas
contando mil fortunas.

¿Dónde fueron a morar
la multitud de mis palabras?
¿En tus venas?
¿Allí se hacen vida plena?

ES LA ESENCIA

La tarde lenta avanza
y entre sollozos distantes
se escucha su gemido.

Es el alma de la muerte
de mariposa herida
qué pasó cercando tu vida;
así como el dolor de una partida
con versos inconclusos
que muestran una herida.
La tarde y mi noche sombría
agonías son de vida vertida
sobre los trazos del amor que olvida.

Si sólo fuera olvido
silencio de mariposas
adheridas a mi vida
no me quejaría.
Es la esencia que me habita
la que hoy, está abatida.

ROSAS EN EL ALMA

Se me juntaron los cielos en su primer beso,
me llovieron rosas en el alma
a través de sus manos
recorriendo desde la mirada hasta la espalda.
Fue la verdad del amor distante
que contó las horas, recogió cerezos,
abrió senderos armoniosos y placenteros
pequeños agujeros en el tiempo.

Y me amó y le amé
como a nadie;
me alcanzó el viento del amor
en playas que hicimos cómplices
de la ternura y la pasión.

Solo el amor venció.

SOY YO

Si sueñas
con el canto
de un ave en tu balcón
esa soy yo.

Soy viento,
sonrisa ligera,
agua mansa
que no tiene recodos.

Soy silueta de invierno
gota a gota;
soy verde mariposa
enredada en tu paladar.

Soy la palabra
que te nombra sin cesar.

Palmera para tus sueños
dulce manjar.

Soy el hechizo
del que no te quieres escapar,
soy siempre
la mariposa
el amor en las alas,
el canto del ave
cada día en la ventana.

HOY

Convocaré hoy

mariposas y soles nacientes

meceré la esperanza

para que vuelvas

a mis ansiosos brazos,

amado en las palabras y

seducido en el tiempo.

Convocaré hoy esmeraldas,

zafiros y deseos por añorar tu espacio

lleno de ilusiones

convertidas en llamarada de pasiones

que acarician tu alma

mientras devoró

tus labios con menta.

Convocaré las cuatro estaciones

entre murmullos y quejidos

que guardan las sábanas tibias

cuando deslizas tus labios

sobre mi eterno y tan tuyo secreto.

Te espero,

tan solo vuelve.

LA NOCHE

La noche es mi puerta
entre las sombras.
Me deja darte un beso
sin que el día curioso
pregunté el por qué.

Es la noche
centinela del amor
que guardamos para el faro
en aguas turbulentas,
resplandor que nos guía
silencioso
en extremos desiertos.

Es este amor nocturno
y ningún otro
el que irrumpe
y trastorna mis sentidos
haciéndome unidad contigo.

AHORA

Una mirada sobre
los años pasados
una sonrisa
a los amores
luces para el alma.

Se fueron los recuerdos
con vestimentas de pasado;
ahora es el momento
de nosotros amor,
de los senderos
que vamos poblando.

No nos apartemos
que no haya en el andar
tiempos ni distancias
ni rosas extrañas
que desvíen nuestro mirar.

CONTIGO

Contigo se esfuman el tiempo y las medidas
tu amor inconmensurable alimenta mi alma
y lo sabes vida mía.

Cruzamos la frontera
del inteligible sentimiento
y somos ya, átomo y partícula que
se los lleva el viento.

Al pasar el tiempo, somos secreto eterno
contado en versos, corriendo con alas
en vuelo solo al compás del suspiro
y un te amo en océanos y firmamento.

Dejamos el límite al borde del infierno
y vencimos los desafíos
que el tiempo sustentó.

ENTRE VELAS

Enciende velas
en ese fuego interior
que siento en cada entrega
y a mi cuerpo hace danzar
creando mares de pasión.

Se esfuman las penas
se agita la respiración
se vuelve morena mi piel
al saberte entre mis
letras reflejo
de mi amor derrochado.

Si al extender las manos
listo está el beso
y a mi lado estás,
nada que pedir tengo
eres todo en mi deseo.

Lléname de caricias

y volveremos al amanecer

a ser del amor

los viejos prisioneros.

IMAGINACIÓN

¿Qué colores tiene la vida

que se contiene

en tu piel dormida,

en unos labios

que suspiran,

en tu mirada y la mía?

¿Es música

es pasión o tan sólo

el olor de tus versos

que atraen mi atención?

No lo sé.

Pero esta noche,

vestida de lino,

encajes de seda,

te esperaré.

Y cuando vuelvas

correré por los cielos

y me volveré ciega

para sin reservas verte.

ERES PARA MÍ

Me obsesionan
las mariposas y las rosas,
esas que te dejo
sin decirle a nadie.
Las escondo de la tarde
las guardo sólo para ti;
no acepto otras manos
cultivando mi jardín.
No acepto
que otros ojos de mujer
se detengan a mirarte,
y no puedo quedar sin voz:
a los cuatro vientos repito
solo para mí serás.

QUIERO QUE TE VAYAS

¿Recuerdas?
¡Cantaba sonriéndole al tiempo
en tus brazos dormitando!
Ahora hay sombras junto a la cama,
de tu presencia
eso apenas queda.

Sí, fui feliz.
Creí en tus cuentos de amor
y recibí crédula
una palabra, un alelí.

¿Para qué guardar ahora
los besos que te di?

TE MARCHAS

Distinto rostro,
al que entre luciérnagas
y mariposas conocí.

Aquel que acunaba mi alegría,
hoy me deja sin sonreír.

Hasta mañana
será mucho decir.

Sí, ahora gritar quiero que te vayas;
que lo soñado y la esperanza
se marcharon como ingrata
y traicionera ilusión.

TE PIENSO

Te pienso
en natural rutina.

Si río o lloro
si voy de viaje al final del universo
a buscarte iré tesoro;
ni río voraz
será capaz de detenerme,
ni cazador furtivo
se robará mi guía
porque al final del día
esperaré que me digas
al fin vine, vida mía.

MI LUZ

Mi sangre y vida eres,
¿Mi otra mitad? No
Unidad somos.

Eres el oxígeno
en cada célula.

Si mi noche eres
los sueños se visten
de esa esencia
invitadora de mi reposo.

Si mi luz eres
derrroto la oscuridad,
nadie osará
vencer nuestra unión.

NO VIVO

Ya no vivo yo,
inundó de cariños
mi serena calma,
bañó de esperanzas
los atisbos de la razón,
fue viento más viento, más viento
hasta ser huracán
que cambió mis días soledad.
Solo su voz y
me llevó al infinito,
y tan solo sus verso de palabras fuego,
el lecho amoroso fue.
Han pasado inviernos irreverentes
y quiso ser mi sangre,
mi vida, mis letras y la pluma
y sus deseos concedí.
Más ya no vivo yo;
él vive en mi
y son mis días de mariposa,
princesa que alumbra su existir.

MI PALABRA

El intenso silencio,
 ha roto el alma.

¡De dónde vino este dolor?
¿De dónde sus agonías
y padecimientos de este corazón?

Solo quebrantos y el cruel engaño.

Amanece temblando
de largos pesares la boca
que infinitas veces prometió
hasta el final amarte.

Más mi palabra ya no es mía
me voy de tus mentiras
y dejó en mis nostalgias,
el recuerdo del amor
que juraste imperecedero.

POETA

¿Qué tendrá la pluma que desnuda el alma,
declara sin temores
tanto lamentos como esperanzas,
se indigna ante las crueldades y
debate con la vida y sus ambages?

¿Es virtud del que escribe
cambiarle vestiduras a la luna,
soñar con amores inmortales,
columpiarse en las nubes y
guarecerse en las olas del mar
y en sus crestas caminar?

¿Es virtud denunciar la crueldad
de este mundo donde
hay animales más humanos
que algunos seres que
que nos sentimos hermanos?

Es virtud de quien escribe
descubrir con viejas palabras
nuevos lenguajes,
lograr bajar del cielo
a los mismos ángeles que sin duda
envidian el ser terrenos?

Es virtud ser humano sufrir y llorar
porque le brota del alma el amor,
la sensibilidad en cada letra
donde deja prendida una estrella
y su vida con ella?

Sí, todo ello es la virtud del poeta.

Sombras y Resplandores

Sombras y Resplandores

INDICE

Contenido

PRÓLOGO 1
ME DUELES 5
EXILIO 7
VEN ! 8
Seremos más que amantes 8
TIEMPO 9
VUELVE YA 10
POETA DE MIS SUEÑOS 11
NO SÉ LLORAR 12
EL EROS EN EL ALMA 13
MIENTRAS LO AMABA 14
MÁS SOLEDAD 15
ASÍ 16
OTRA VEZ 17
PARA TOCAR EL CIELO 18
AMAR SIN MEDIDA 19
Y AUN ASI 21
Y MÁS 22
TU VOZ 23
ERES UN LUCERO 24

AMANTES	25
DESIERTOS	26
QUIEN?	27
ROSA SIN CADENAS	28
SOLO TÚ	29
ESTE VACÌO	30
TUS LABIOS	31
ENTRE EL CIELO Y TÚ	32
VEN DE NUEVO	34
VIENEN Y VAN	35
SÍ, PIENSO	37
MÁS ALLÁ	38
POR QUÉ	39
MARIPOSA SOLITARIA	40
ERES TODO	41
VIDA	42
ES LA ESENCIA	43
ROSAS EN EL ALMA	44
SOY YO	45
HOY	47
LA NOCHE	48
AHORA	49
CONTIGO	50
ENTRE VELAS	51

IMAGINACIÓN	53
ERES PARA MÍ	54
QUIERO QUE TE VAYAS	55
TE MARCHAS	56
TE PIENSO	57
MI LUZ	58
NO VIVO	59
MI PALABRA	60
POETA	61

Sombras y Resplandores

Sombras y Resplandores

Sombras y Resplandores